朝ごはんの献立

12のシーンとおいしいごはん

飯島奈美

朝食コラム

はじめに

毎日、朝ごはんを食べていますか？
なにも口にせず、あわただしく一日を始めていませんか？

朝のからだはからっぽで、頭はぼんやりした状態。動き出すには、準備不足です。
それが、適量の朝ごはんを食べることで目覚め、からだ全体が動き出してくるのです。

私は、朝ごはんを食べずに始まった日は、なんとなく元気が出なくて、
一日のリズムが少しくるってしまいます。
集中力が続かなくて、お昼が待ち遠しく気持ちはうわの空。
そして、お昼ごはんを食べすぎてしまって、午後にはウトウト……。
眠くなったりすることも。

それを改善してくれるのが、朝ごはん。

ジューと卵の焼ける音、焼鮭の香ばしい香り。

炊きたてのピカピカのご飯、あたたかいみそ汁。

こんなごはんで朝を迎えると、少しくらい嫌なことや落ち込むことがあったとしても、またすぐに、がんばれる気さえしてきます。

朝ごはんを食べるということは、一日を無駄なく充実して過ごせることだと思います。


一生に食べるごはんの回数は、約９００００回。

おいしいごはんは、幸せな気持ちにさせてくれるものなので、
一回でも多くそんな時間を持ってもらえるよう、朝の献立を考えました。
そして、この本を読んで、「朝ごはんが食べたい！」と感じて頂けたら、
とてもうれしいです。

この本の使い方

・レシピの分量は、2人分を基本としています。
・計量の単位は、1カップ＝200ml、大さじ1＝15ml、小さじ1＝5mlです。
・電子レンジの加熱時間は、600wを目安にしています。機種によって、多少の差が出ることがあるので、様子を見ながら加熱時間を調節してください。
・レシピ内に登場する「手作りだしじょうゆ」と「昆布塩」の作り方は、P39を参照してください。

12のシーンをつくる
朝ごはんの献立

献立

01

焼鮭のあっさり朝ごはん

ほどよい塩気の甘塩鮭に、だし巻き卵、小鉢には、かぶのゆかり和えと小松菜のおひたし。あっさりとしたおかずを並べた朝ごはんです。

鮭と卵は焼いたもの、小松菜はゆでたもの、かぶは生のままと、いろいろな調理法のおかずを入れることで、食感に変化を付けてみたのと、キッチンを効率良く使えるように工夫してみました。全てが火を使う料理だと、朝からいくつも同時にコンロを使わなければならなかったりして、大変です。また、うっかりすると切り干し大根に里芋の煮っ転がしにと、煮物系ばかりのおかずが並んでしまうことも。定番メニューもい

卵焼き

〈材料　2人分〉

卵…2個

だし汁…大さじ2

薄口しょうゆ…小さじ1

みりん…小さじ1/3

油…適量

〈作り方〉

1 卵とだし汁、薄口しょうゆ、みりんを混ぜて切るように溶く。

2 油をひいたフライパンに1を注ぎ入れ、菜箸で大きくかき混ぜる。半熟状になったら3つ折りにたたみ、好みの加減に焼く。

焼鮭

〈材料　2人分〉

甘塩鮭…2切れ

昆布…10cm角1枚(半分に切っておく)

〈作り方〉

1 前の晩に、鮭の上に昆布を重ねて、朝まで冷蔵庫の中に入れて置いておく。

2 翌朝、鮭の昆布を取りのぞき、まず表を上にしてグリルで焼く。

3 5～6分経って、全体が7割方焼けたら、ひっくり返して裏面を焼く。

焼き方のポイント　グリルをあらかじめ30秒ほど熱しておくと、網に身が付かず上手に焼ける。

いけれど、いつもと同じ材料を、いつもとは違う調理法にしてみると、飽きないし、レパートリーも増えます。たとえば、「今日は煮物ばかりだから、おひたしにしようと思っていた小松菜を、油で炒めて、おかかとしょうゆをかけてみよう」、「かぶのゆかり和えに梅干しを入れてみよう」とか。そういう、ほんのひと手間を加えてみるだけでもいいと思うのです。食感や見た目、味付けにも変化を付けられますし、献立を考えるのもぐんと楽になります。

この献立の中の甘塩鮭には、前の晩に昆布を仕込むひと手間があります。一晩で昆布のうまみが鮭に染み込むだけでなく、余分な水分と臭みを取ってくれるから、うまみが凝縮されていつもと違う味わいになるのです。おいしい朝ごはんのためならば、寝る前のちょっとした準備も楽しいものです。

きぬさやとわかめのみそ汁

〈材料　2人分〉
きぬさや…10枚
わかめ…適量
だし汁…400cc
みそ…大さじ1と1/2

〈作り方〉
1 きぬさやはすじを取る。
2 わかめは水でもどし、食べやすい大きさに切る。
3 だし汁を沸かし、きぬさやとわかめを入れて火を止め、みそを溶かし入れる。

小松菜のおひたし

〈材料　2人分〉
小松菜…1/2束
おろししょうが…小さじ1/2
手作りだしじょうゆ*…大さじ1

〈作り方〉
1 小松菜はたっぷりのお湯でゆでて、冷水にとる。根をそろえて軽くしぼり、5cmの長さに切って水気を切る。
2 半量のだしじょうゆで和えて、再度軽く水気を切る。そのあと、残りのだしじょうゆを入れて和える。お皿に盛りつけ、おろししょうがを添える。

かぶのゆかり和え

〈材料　2人分〉
かぶ(中)…3個(240g)
梅干し(中)…1個
ゆかり…小さじ1/2

〈作り方〉
1 かぶは皮をむき、7㎜くらいの半月切りにする。
2 切ったかぶをボウルに入れ、種を取って刻んだ梅干しとゆかりを加えて混ぜ、しんなりしたらできあがり。

*作り方はp39参照

献立
02
卵そぼろとしらすごはん

ほんのり甘くてふんわりした卵そぼろは、フライパンに卵を流したら、菜箸でササッとかき混ぜるだけで、あっという間にできあがります。半熟になったら火からおろし、余熱でかき混ぜながらご飯にのせてください。しらすはたっぷりと好きなだけ。この卵そぼろ、時間があるときはフライパンに卵を流したら菜箸3〜4本を使ってかき混ぜ、じっくり弱火で熱します。そうすると、驚くほど鮮やかな黄色で、粒が細かいそぼろができあがるのです。ふりかけのようにパラパラとしていて、また違った食感が楽しみたいときは

卵そぼろとしらすごはん

〈材料　2人分〉
卵…3個
【A】砂糖…大さじ1と1/2
　　塩…小さじ1/3
油…少々
ご飯…2膳分
しらす…適量

〈作り方〉
1 卵そぼろを作る。ボウルに卵を割りほぐし、【A】を加え混ぜる。
2 油をひいたフライパンに1を入れ、菜箸で手早くかき混ぜ、半熟になったら火からおろす。さらに混ぜ続け、余熱で軽く火を通してしっとりとしたそぼろを作る。
3 ご飯に2をのせ、その上にしらすをたっぷりのせる。

ぜひ試してみてください。

　ごぼうとさつまいものみそ汁は、皮をむかないので、忙しい朝におすすめです。もちろん、しっかり洗ってくださいね。すりごまをたっぷり入れるのが、おいしさのコツです。以前、野菜料理のお店で、すりごまがたっぷり入ったみそ味の田舎煮を食べたことがあるのですが、それがとてもおいしくて、みそとごまの相性を実感！　家に帰ってから、試しにみそ汁にもすりごまを入れてみたら、見事、大正解でした。

　この卵そぼろごはんと、ごぼうとさつまいものみそ汁にもう一品合わせるとしたら、鮮やかな緑の野菜を使ったサラダにしたいところ。そこで、火を通さずに食べられるクレソンを選びました。ポン酢ベースのさっぱりしたドレッシングに玉ねぎのシャキシャキ感も手伝って、もりもり食べられますよ。

クレソンと玉ねぎスライスサラダ

〈材料　2人分〉
クレソン…2束
玉ねぎ…1/2個
天かす…大さじ3〜4
【A】ポン酢…大さじ1
　手作りだしじょうゆ*…大さじ1
〈作り方〉
1 クレソンは半分に切る。玉ねぎは縦半分に切ってから薄切りにし、水にさらして5分ほど経ったら、ざるに上げ水気を切っておく。
2 【A】を混ぜ合わせ、玉ねぎ、クレソンと和え、最後に天かすを散らす。

*作り方はp39参照

ごぼうとさつまいものごまみそ汁

〈材料　2人分〉
さつまいも…1/2本(130g)
ごぼう…1/4本(50g)
だし汁…400cc
みそ…大さじ1と1/2
黒すりごま…大さじ1/2
〈作り方〉
1 さつまいもは半月切りにする。ごぼうは太めのささがきにし、水にさらす。
2 鍋にだし汁を沸かし、さつまいもと水を切ったごぼうを入れる。
3 具材が煮えてきたら火を止め、みそを溶かして黒すりごまを入れる。

献立
03
やわらか目玉焼きとスイートマリネ

これはもう、アスパラをおいしく食べるために考えたようなメニュー。アスパラに半熟卵の黄身とパルメザンチーズをからめれば、そのままでも、パンにのせてもおいしい。新鮮なアスパラが手に入った時には、ぜひ作ってもらいたい一品です。これは北海道のアスパラなのですが、太くて、やわらかくて、味も抜群。朝、お湯を沸かしてゆでるのは面倒でも、卵と一緒にフライパンで蒸してしまえば、簡単だし甘みも出ます。

　これに合わせたのが、トマトと玉ねぎのスイートマリネ。マリネと言っても、お酢に漬け込むのではな

アスパラのバター焼きと
やわらか目玉焼き

〈材料　2人分〉
アスパラ…6本
水…80cc
卵…2個
バター…大さじ1/2
塩…ひとつまみ
こしょう…少々
パルメザンチーズ…適量

〈作り方〉
1 アスパラは根元の堅い部分は皮をむいて、半分に切る。
2 フライパンにアスパラ、水、塩を入れ、ふたをして1〜2分強火にかける。
3 ふたを取り、アスパラを片側に寄せて、空いた部分に卵を割り入れる。ふたをして中火にし、2〜3分蒸し焼きにする。
4 ふたを取り、水分が少なくなったらアスパラの上にバターをのせて、塩、こしょうを全体にかける。
5 皿に盛り、上からパルメザンチーズをふりかける。

く、砂糖や塩で下味をつけて、バルサミコ酢を仕上げにかけるだけなのです。やわらかな酸味が、パンにもよく合います。

バルサミコ酢にはいろいろな種類があります。いくつか買ってきて、料理によって使い分けるのも楽しいですよ。私が持っている中でもとくにおいしいのは、イタリアのメーカーが日本に売りに来ていた時に買ったもので、細長い小瓶が気に入りました。原材料がとてもシンプルで、とろみが強く、プルーンソースのような甘い味が絶品なのです。バニラアイスにかけるなど、デザートにも使えそうなほど。

バルサミコ酢だけでなく、まだまだ未知な調味料はたくさんあります。新しい味を求めて、いろいろと試してみるのもフードスタイリストの仕事であり、楽しみのひとつでもあるのです。

トマトと玉ねぎの
スイートマリネ

〈材料　2人分〉

トマト…1個
玉ねぎ…1/4個
オリーブオイル……大さじ1/2
ミント…適量
はちみつ（または、砂糖）……小さじ1/2
塩…適量
バルサミコ酢……小さじ1

〈作り方〉

1 トマトはへたを取り、乱切りにする。玉ねぎは薄くスライスし、ひとつまみの塩で軽くもんだら、ペーパータオルで水気を切っておく。
2 1をボウルに入れ、オリーブオイルとミントで和えてから、はちみつと塩で味を調える。
3 皿に盛り、バルサミコ酢をかける。

きほんのご飯

おいしいご飯の炊き方は、以前お米屋さんに教えてもらいました。それまではお米をといだら、すぐざるにあげていたのですが、水に浸けてからざるにあげることがポイントなのだそう。そうすることでお米の奥までしっかり水分が染み込むから、硬さにムラがなく炊きあがるというのです。早速実践したら本当にツヤツヤの炊きあがりになりました。

ご飯がおいしく炊きあがると、なるべくシンプルに味わいたくて、つい食べてしまうのが「卵かけご飯」。炊き立てのご飯に溶き卵をかけ、しょうゆをちょっと垂らして……。日本人で良かったと思う瞬間です。

もし、ご飯の仕上がりがやわらかくなりすぎてしまっても、お釜とふたの間にさらし、またはペーパータオルを挟んで、しばらく蒸しておくだけでも、ずいぶん食感が良くなります。ぜひお試しを。

おいしいご飯の炊き方

〈作り方〉

1【米をとぐ】ボウルに米を入れ、たっぷりの水を入れたら、最初はさっと混ぜてすぐに水を流す。あまり力を入れすぎないように軽くといだら、再び水を入れてかき混ぜ水を捨てる。これを数回繰り返す。

2【水につける】とぎ終わったら、米をたっぷりの水に20～30分つけておく。急いでいるときは、人肌くらいのぬるま湯につけると10分程で済む。

3【ざるにあげる】水につけたあと、ざるにあげてさらに15～20分ほど置いておく。こうすることで、米の水分が均等にいきわたる。

4【炊飯器で炊く】米を炊飯器に移して、お釜の内側にある目盛に合わせて水を入れて炊く。

5【仕上げ】炊きあがったら、ご飯をつぶさないようにさっくり混ぜる。(混ぜておかないとご飯の粒がつぶれてしまう)

1

2

3

手間いらずの炊き込みご飯

炊き込みご飯は、材料を入れたらすぐに炊き始めることが大切。少しでも時間をおくと、しょうゆなどの塩分の作用で、せっかくお米の奥まで浸透させた水分が出てしまうので、芯が残ったまま炊き上がってしまいます。だから炊き込みご飯を作る時は、タイマー炊きにするなんて、もってのほかなのです。

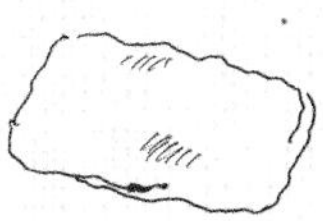

油あげ

油あげをだし汁、しょうゆ、砂糖で甘辛く煮て、煮汁と一緒に炊き込む。まだ煮汁が熱いまま入れるのがポイントです。そうすることで、炊飯器の中で沸騰する時間が短縮され、水分が多すぎない、パラッとした仕上がりになります。

焼鮭

だし汁、薄口しょうゆ、酒を入れて、焼鮭をのせ、炊き込みます。焼鮭は、少し焼きすぎというくらいじっくり焼いておきましょう。そうすると、炊き込んだときに香ばしく、骨からもだしが出るので、うまみがぐんと増すのです。

じゃことトマト

じゃこ、酒、ごま油、塩、それに刻んだトマトを入れて炊くと、ほんのり酸味のある炊き込みご飯になります。食べる時にもみのりを散らすと風味が良くなって、味が引き締まりますよ。

桜エビ

桜エビ、塩、酒、昆布を入れて炊くだけの簡単な炊き込みご飯。桜エビから十分にだしが出るので、調味料は少なくても大丈夫です。春先なら、これにグリンピースを入れると彩りがきれいになって、季節感が出ます。

お米の選び方

これもお米屋さんに教えてもらったことなのですが、ご飯の食べ方によって、お米を使い分けるというお話です。しっかりと味のついたおかずがある場合は、あきたこまちなどあっさり系のお米を選ぶ。そしておにぎりなど、ご飯がメインの場合は、それ自体に甘味やうまみがあるコシヒカリなどを選んだほうが良いそう。確かに、あっさり系のお米だと、おかずの味を邪魔せず、お互いを引き立て合います。一方でうまみの強いご飯は、米自体の味をしっかり味わうことができるメニューに最適です。

　このお米屋さんに限らず、ひとつの食材を専門に扱うお店の情報は、フードスタイリストの仕事に役立つことばかりで、とても勉強になります。

きほんのおみそ汁

だしはだしでも、かつおだし、昆布だし、しいたけだしなどいろいろありますよね。その中でも、朝ごはんのみそ汁には調理が簡単な「いりこだし」がおすすめです。だしを取ったあとにいりこを菜箸で取り出すのも簡単ですから。もちろん、取り出さずに具と一緒に食べてもいいでしょう。

私がいつも使っているいりこは、香川県にある乾物屋のもの。そこのいりこを知るまで、いろいろなお店のもので試してみましたが、自分が思っているいりこだしの味がなかなか出なかったのです。でも、1年半ほど前に香川県の乾物屋のいりこに出合い、それでだしを取ってみたら、思い通りの味が出たのでうれしくて。それからずっと愛用しています。噛めば噛むほど味が出るし、おやつ代わりにも最適。普段のみそ汁より、ぐっと味が深まりますよ。

おいしいだしの取り方

〈材料〉

いりこ(大)…7～8匹(20～25g)

※小さいいりこなら約20匹

昆布…10cm角1枚(約10g)

水…1リットル

〈作り方〉

1【前の晩】いりこの頭と腹の部分にある黒いワタを手で取りのぞく。

2【前の晩】 鍋に、水と1のいりこと、昆布を入れて、一晩つけておく。

3【翌朝】いりこと昆布をつけておいた鍋をそのまま火にかけて、沸いてきたら昆布を取り出す。さらに4～5分煮た後、いりこを取り出す。(いりこは、お好みで入れたまま作ってもおいしく食べられる)

4【仕上げ】 好みの具材を入れて火が通ったら、火を止めてみそを溶かし入れる。(みそを入れてから、煮立たせてしまうと風味が落ちてしまいます)

1

2

3

意外においしい こんな具材

ワンパターンになりがちなみそ汁の具材。でも意外といろいろなバリエーションを楽しめるので、他の料理で余った食材を思い切って入れてみるのもおすすめです。そうやって使う食材の幅を広げることで、時にはご飯のおかずになったり、時にはみそ汁だけで栄養バランスの取れた食事になったりもするのです。

ルッコラとトマト

サラダで使ったルッコラやトマトが余ったら、ぜひお試しを。火が通りやすいので、サッと煮るだけで十分です。クレソンもおすすめ。

すいとん

つい入れたくなる具材は、すいとん。生地にかぼちゃやさつまいもをつぶして混ぜ込むと、味や色どりにアクセントがつきます。

ニラとぶた肉

炒め物では定番の、ニラとぶた肉。これらをみそ汁に入れるときは、ごま油をちょっと加えると風味が増して、ご飯が進む味に。

ブロッコリーと卵

ブロッコリーは、余りがちな茎を有効活用します。ポーチドエッグ風の卵と合わせると、ちょっと洋風な味のみそ汁を楽しめます。

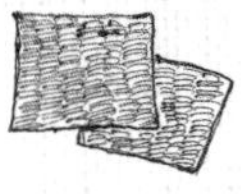

のりと万能ねぎ

岩のりのみそ汁はよくありますが、焼きのりや韓国のりも立派な具材に。万能ねぎは、3cmくらいの長さに切って歯ごたえを楽しんで。

納豆とモロヘイヤ

ネバネバ食材をたっぷり入れる、名付けて「ネバネバ汁」。みそ汁にすると意外にネバネバせず食べやすくて、つるりとした食感に。

思い出のみそ汁

小学生のとき、初めて作った料理がみそ汁でした。そのとき家族に褒められたのがきっかけで、母が料理を作るときはよく手伝うようになりました。今思うと、それが私の料理好きの原点で、大げさに言えばこの世界に入るきっかけでもあったのかもしれないですね。

料理の仕事を始めてから、いろいろなみそ汁を食べてきました。その中でも、印象深かったのが、静岡の「海女の小屋」というお店で食べたフジツボのみそ汁。テトラポットにたくさんついている、あのフジツボです。だしがよく出ていたし、磯の香りがしてとても美味しかったのを覚えています。みそ汁は、食材によって本当にいろいろな顔を見せてくれます。これからももっと具材の幅を広げて、楽しみながら作っていきたい料理のひとつですね。

献立 04

あじの干物の定番朝ごはん

旅館の朝ごはん風の献立。こういう献立は、朝だけではなく、いつでも食べたくなりませんか？　我が家でも「朝ごはんみたいな夕飯が食べたい」とのリクエストが出ると、よく登場します。人生の最後に食べるご飯は、意外にこういうものかもしれません。

あじの干物は、いつも自宅から二つ隣の駅にある干物屋さんで買います。余計な調味料が入っていなくて、塩加減が絶妙。あじに限らず、甘塩鮭も他の魚の干物もそのお店で買っています。そういう干物屋さんに行けば、ほぼ間違いなくおいしい

厚あげの炒め甘辛煮

〈材料　2人分〉

厚あげ…1枚（150g）

豚バラ肉…3枚

油…小さじ1

手作りだしじょうゆ*…大さじ2弱

砂糖…大さじ1/2

水…50cc

〈作り方〉

1 厚あげを食べやすい大きさに手でちぎる。豚バラ肉を3cm幅に切る。

2 油を引いたフライパンで豚バラ肉を炒め、だしじょうゆ、砂糖、水を加える。厚あげを加え、軽く煮からめて水分がほとんどなくなったら火を止める。

あじの干物

〈材料　2人分〉

あじの干物…2尾

大根…適量

しょうゆ…適量

〈作り方〉

1 あじの干物は、強火で身の面から焼く。5〜6分経ち、7割方焼けたら、ひっくり返して皮の面も焼く。

2 大根を皮ごとおろして、軽く水気をしぼり盛り付け時に添え、お好みでしょうゆをかける。

*作り方はp39参照

干物に出合えますが、スーパーで買う場合は調味料がなるべく少なくてシンプルに作られているものがおすすめです。たまにスーパーの店先に干物屋さんが売りに来ていることがありますよね？　そういう干物屋さんも作りたてのものを置いていることが多いですよ。干物といえども、新鮮な方がおいしいですから。

もしくは、あじが安いときに買ってきて、自分で干物を作るのもひとつの手です。本格的に干して作るのではなく、あじのワタを出して開いたら塩をふって、ペーパータオルに包み、冷蔵庫に一晩入れておくだけでもとてもおいしくなります。味が薄いかなと感じたときは、少ししょうゆをかけてみてください。

朝から自分で作った干物を焼いて食べるなんて、私にはとても満足度の高い朝ごはん。良い一日が送れそうな気持ちになります。

キャベツと玉ねぎのみそ汁

〈材料　2人分〉
キャベツ…1枚
玉ねぎ…1/4個
だし汁…400cc
みそ…大さじ1と1/2

〈作り方〉
1 キャベツと玉ねぎは1cmの幅に切る。
2 だし汁を沸かし、1を加えて煮えたら火を止め、みそを溶かし入れる。

なす・みょうが・しそのポン酢浅漬け

〈材料　2人分〉
なす…2本
みょうが…1個
ポン酢…大さじ3
水…大さじ3
しそ…2枚
ごま…少々

〈作り方〉
1 なすとみょうがを薄く輪切りにする。
2 ポン酢と水を合わせたものに1を5分漬けて、軽く絞る。
3 2に細かく切ったしそと、ごまを加えて和える。

献立
05
カリカリ目玉焼きの献立

朝ごはんの定番のひとつ、目玉焼き。まわりがカリカリの目玉焼きは、ほどよい香ばしさが魅力的ですよね。この絶妙な焼き色を付けるためには、白身に火が通ったら少し油を足して、周りだけ軽く焦がします。色がついたら、一度ペーパータオルで油をふき取るのを忘れずに。水を入れた時に、油がはねるのを防ぐためです。はねた油で火傷するのも防げますよ。黄身の焼き加減はお好みですが、私の好みは、半熟で黄身の色がうっすら見えるくらいのほどよい膜がついたもの。この膜を作り分けるコツは、水を入れた後。ふたをしないで焼けば、黄色い黄身のまま、少しだけふ

小松菜とベーコン炒め

〈材料　2人分〉

小松菜…1/2束

ベーコン…2枚

バター…大さじ1/2

塩…少々

こしょう…少々

〈作り方〉

1 小松菜は5cm幅、ベーコンは3cm幅に切っておく。

2 バターをひいたフライパンで1を炒める。

3 小松菜がしんなりしてきたら、塩、こしょうで味付ける。

目玉焼き

〈材料　2人分〉

卵…4個

油…適量

水…50cc

〈作り方〉

1 油を少々ひいたフライパンに卵をまず2個割り入れる。白身が白くなったら、フライパンのふちから油を少々足して、白身のふちを焼く。

2 ペーパータオルで余分な油をふきとり、水を加えてふたをして焼く。1～2分ほどで焼き上がる。皿に盛ったら、同じ要領で残りの卵も焼く。

作り方のポイント

水を加えたら、ふたを少しずらし開けておくと、黄身がほどよく透けるくらいの膜ができる。
また、大きめのフライパンがあれば、2人分が一度に焼ける。

たをずらして隙間を空けておけば、ほどよく薄い膜に、完全にふたをすれば、真っ白な膜になります。映画の撮影のときなどは、台本に焼き加減の指定がなければ、三種類作って監督に選んでもらいます。きれいな膜ができたときは、それだけで嬉しくなります。

ベーコン炒めは、ほうれんそうではなく、小松菜を使ったところがポイント。ほうれんそうって、いつもそのまま炒めるか、ゆでてアクを取り、調理するかを悩むのです。でも、急いでいるからと生のまま炒めてしまうと、アクが強くてキシキシとした舌触りになってしまうことも。その点、小松菜はアクもあまりないし、炒めても食感がいい野菜なので、しっとりしたベーコンとの相性もいいのです。ちなみに私、ご飯のときは断然「しっとりベーコン」派です。

ねぎと麩のみそ汁

〈材料　2人分〉
ねぎ…1/3本
銭麩…適量
（または、好みの麩）
だし汁…400cc
みそ…大さじ1

〈作り方〉
1 ねぎは1cmの厚さに斜め切りにする。麩は水につけて戻し、軽く絞る。大きければ食べやすい大きさにちぎっておく。
2 だし汁を沸かし、ねぎと麩を加え煮えたら火を止め、みそを溶かし入れる。

にんじんのごま和え

〈材料　2人分〉
にんじん…1/2本
ごま油…小さじ1/2
水…50cc
酒…大さじ1
塩…ひとつまみ
【A】白すりごま…大さじ2
　　砂糖…小さじ1/2
　　しょうゆ…小さじ1/2

〈作り方〉
1 にんじんは、千切りにする。
2 ごま油をひいた鍋でにんじんを軽く炒め、水、酒、塩を加え、ふたをして2～3分蒸し煮にする。
3 2のふたを取り、水分を飛ばして火を止める。
4 3に【A】を加え、混ぜる。

しらすときゅうりおろし

〈材料　2人分〉
きゅうり…1/2本
大根…1/5本（約200g）
しらす…大さじ2
塩…ひとつまみ
【A】手作り昆布塩*…小さじ1/4
　　酢…大さじ1/2
　　砂糖…小さじ1/2

〈作り方〉
1 きゅうりはスライサーで薄切りにし、塩を加え、水分が出たら絞る。
2 大根は皮をむき、すりおろして水気を軽く切り（約1/2カップになる）、1のきゅうり、しらす、混ぜ合せた【A】と和える。

*作り方はp39参照

献立

06 チーズフレンチトーストと野菜4種のコールスロー

フレンチトーストと言えば、卵液がたっぷり染み込んだ、とろけるようにやわらかいイメージ。でもこちらは、二枚のパンの間にチーズを挟んでいるので、表面だけに卵液が染みているくらいがちょうどいいのです。チーズが好きな人は、スライスチーズを二枚挟んだり、そのほかのこだわりのチーズにしてみたり、お好みで。甘くなく食べたい人は、ハムを挟んでもおいしいですよ。パンは、食パン以外にも、フランスパンやイギリスパン、カンパーニュでもいいかもしれませんね。

食パンを使った場合は、卵焼き器

チーズフレンチトースト

〈材料　2人分〉

食パン(8枚切り)…4枚

スライスチーズ…2枚

(とろけるタイプ)

卵…2個

牛乳…100cc

砂糖…小さじ1

バター…大さじ1

メイプルシロップ…適量

(または、はちみつ)

〈作り方〉

1 食パンの耳を切る。

2 2枚のパンの間にスライスチーズを1枚挟む。

3 溶きほぐした卵に牛乳、砂糖を入れ混ぜ、そこに2を入れて両面ひっく返しながら、2～3分浸す。

4 バターをひいたフライパンを中火にかけ、3で浸したパンを入れたらふたをして弱火にする。片面約1分半ずつじっくり焼く。

5 食べる直前に、メイプルシロップかはちみつをお好みでかける。

作り方のポイント

卵焼き器で焼くと、パンのふちまでしっかり焼ける。

が大活躍します。側面や角もしっかり火が通って、こんがり焼き色がつきますよ。私が使っている卵焼き器は、正方形。だから、食パン一枚がぴったり入ります。長方形のタイプを使っている人は、焼く前にパンを半分に切っておけば、角まですっぽり入ります。

ほんのり甘いチーズフレンチトーストに合わせるのは、さっぱりサラダ。シャキシャキした歯ごたえがおいしいコールスローは、何種類もの野菜が一度に食べられるのでおすすめです。仕上げに散らしたオレンジの皮のさわやかな香りが、口の中をすっきりさせてくれます。オレンジティーは、輪切りのオレンジをつぶしながらいただきます。オレンジに限らずいちごジャムなど、お好みのジャムを入れるのもいいですね。

オレンジティー

〈材料　2人分〉

オレンジ…1/2個
マーマレード…大さじ1
お好みの紅茶…400cc

〈作り方〉

1 オレンジは皮をむき、スライスする。
2 耐熱グラス、またはティーカップに1のオレンジ、マーマレードを入れ、あたたかい紅茶を注ぐ。オレンジをつぶしながら混ぜて飲む。

コールスロー

〈材料　2人分〉

キャベツ…約1/4個(200g)
にんじん…約1/2個(90g)
ハム…3枚
玉ねぎ…1/4個
パセリ…2枝
【A】油…大さじ2
　酢…大さじ1
　(またはレモン汁)
　砂糖…小さじ1
　塩…小さじ1/2強
　こしょう…少々
　マヨネーズ…小さじ1
オレンジの皮…適量

〈作り方〉

1 キャベツは太めの千切り、にんじんとハムは千切りにする。玉ねぎは薄切りにして、パセリは小さくちぎっておく。オレンジの皮は、細切りにする。
2 にんじん、玉ねぎをボウルに入れ、【A】を加えて混ぜ、5分おいてしんなりさせる。
3 2にキャベツ、パセリ、ハムを加えて和える。器に盛り、オレンジの皮を散らす。

便利な作り置き調味料

私がよく作り置きする調味料は、「手作りだしじょうゆ」と「昆布塩」。ふたつとも簡単に作れる上、いろいろな料理に使えるので、我が家には欠かせない存在です。

昆布塩は、塩と塩昆布をフードプロセッサーで粉末状にし、混ぜただけなので、半年から一年は持つと思います。一方、だしじょうゆは、だんだん風味が薄れていってしまうので、二週間ほどで使い切った方がいいと思います。今回は使い切れそうにないなというときは、砂糖を足して肉じゃがの味付けに使うなど、煮物などの料理に使うと、風味の良いうちに使い切ることができます。

保存の際に気を付けてほしいことがあります。両方とも塩分を含んでいるので、ステンレス素材の容器には入れないようにしましょう。ステンレスが錆びてしまいますから要注意です。

手作りだしじょうゆ

（保存期間：冷蔵庫で夏場は約２週間、冬場は約１か月）

〈材料〉

酒…30cc
みりん…30cc
しょうゆ…90cc
かつおぶし…9g
（3gの小袋×3）

〈作り方〉

1 小鍋に酒、みりんを沸騰させ、アルコールを飛ばす。
2 1にしょうゆ、かつおぶしを加えて火を止め、そのまま一晩置いておく。
3 翌日、小さなざるでこし、しぼる。
（この絞りかすをのりのつくだ煮に使っています。P41参照）
4 密閉できるガラスのビンなどに注ぎ入れ、冷蔵庫で保管する。

昆布塩　（保存期間：常温または冷蔵庫で約１年）

〈材料〉

塩昆布…10g
焼き塩…30g

〈作り方〉

1 材料をフードプロセッサーにかけ、細かくなったらできあがり。
2 密閉できるガラスのビンなどに入れて、常温または冷蔵庫で保管する。

商売道具の調味料

おいしい調味料を探すのも、私の仕事のひとつですが、本来、気になる調味料はいろいろと試したくなる性分です。だから、作業場だけでなく自宅にも、どんどん新しいものが増えていきます。もちろん、ずっと使い続けているものもありますが、料理によって使い分けているので、同じ調味料でもいくつもお気に入りがあります。たとえば、よく使う塩をいくつか挙げると、さらさらしていてマイルドな口当たりの「浜御塩　焼塩」、素朴な味でミネラルをたっぷり含んだ「佐藤寛こだわりの塩藻塩」、フランス・ブルターニュ地方のあら塩「フリュード・メール・ド・ゲランの塩　海の果実」など。どれも違う魅力があるので、その特徴を生かせる料理は何かと考えるのも楽しいのです。

また、既成品の調味料だけでなく、レストランなどでおいしかったドレッシングやソースは、味を分析して、あとで実践します。自分の想像で作るので、あとあとになって、お店の人に聞いてみると、全然違う作り方だったなんてことも。

そうやっていろいろ作ったなかで、発見したことがあります。それは「すりおろし玉ねぎを入れると、ドレッシングやソースがおいしくなる」ということ。既成品のものでも、マヨネーズやフレンチドレッシング、ポン酢にしょうゆなどにすりおろした玉ねぎを加えるだけ。なのに、この方法で作ったドレッシングをかけたサラダを食べた人から「このドレッシング、何が入っているの？」と聞かれることが多くて、うれしくなります。大抵のものには合うので、ぜひ試してみてください。

便利な作り置きおかず

お休みの日やちょっと時間があるときに、日持ちするおかずをまとめて作っておくと、忙しい朝に冷蔵庫から出すだけで、すぐ食べられるので便利です。今朝は朝ごはんを作っている時間がないなというときに「あ、あれがあったんだ！」と気づくとうれしくなります。

それに、ひじきや切り干し大根などの乾物を使った料理だと、徐々に味がなじんでくるので、2日目、3日目もおいしく食べられるのがいいですね。

また、煮物に入れがちなにんじんやいんげんなどの野菜を入れずに作ることで、より日持ちするようになります。野菜を入れると、どうしても水分が出て、傷みやすくなってしまうのです。それでも夏場はどうしても傷みやすくなるので、早めに食べるか、食べる前に一度火を通すようにしましょう。

保存期間：すべて3〜4日。冷蔵庫に保存して、夏場は早めに食べ切りましょう。　*作り方はP39参照

切り干し大根の炒め煮

〈材料〉

切り干し大根…50g

じゃこ…大さじ3

手作りだしじょうゆ*…大さじ2

水…250cc

ごま油…大さじ1

〈作り方〉

1 切り干し大根は水で軽く洗い、たっぷりの水に約10分間つける。

2 鍋にごま油をひき、じゃこを炒め、しっかり絞って水を切った切り干し大根を加えてさらに炒める。

3 2にだしじょうゆ、水を加えて落としぶたをし、汁気がほとんどなくなるまで中火で7〜8分煮て、火を止めそのまま蒸らす。

[愛用の切り干し大根] 切り干し大根は、私は細めのものが好きです。炒め煮に使ったのは、築地の昆布屋さんで買ったもの。

ひじきの煮物

〈材料〉

ひじき…20g

干ししいたけ…3枚（1カップの水で戻す）

油あげ…1枚

手作りだしじょうゆ*…大さじ2と1/2

砂糖…大さじ1

〈作り方〉

1 ひじきは軽く洗い、約10分間水に浸して戻したらざるに上げておく。干ししいたけは水で戻しておく。

2 油あげは、ペーパータオルで挟み、軽く押して油をとり、細かく切る。水で戻した干ししいたけはスライスする。

3 鍋に干ししいたけの戻し汁1カップと1、2を入れ、だしじょうゆと砂糖を加える。落としぶたをし、ときどき混ぜながら、汁気がなくなるまで中火で煮る。

[愛用のひじき] ひじきは、愛媛県今治市の島で採れたもの。東京・千駄ヶ谷にある「はらじゅく畑」というお店に売っています。

のりのつくだ煮

〈材料〉

焼きのり…3枚

手作りだしじょうゆの絞りかす

（P.39の手作りだしじょうゆを作る際に出た絞りかすを絞ったもの）

みりん…大さじ3

酒…大さじ1

〈作り方〉

1 小鍋にだしじょうゆの絞りかす、みりん、酒を入れて弱火にかける。焦がさないように気をつけながら、汁気がなくなるまで煮る。

[愛用ののり] のりは築地の林屋さんというお店ののりをよく知人から頂いて、使っています。これは寿司のりで、とても風味が良いのです。

作り置きおかずの活用術

のりのつくだ煮やひじきの煮物は、そのまま食べるだけでなく、他の料理に合わせたり、さらに手を加えたりすることでもおいしくいただけます。

たとえば、のりのつくだ煮なら、おにぎりやお茶漬けはもちろんのこと、湯豆腐と一緒に食べたり、卵焼きに混ぜたりと手軽に使うことができます。また、ひじきの煮物は、ほうれんそうや小松菜のおひたしと和えると、それだけで十分ご飯のおかずになります。また、酢飯に混ぜれば、ちらし寿司用のご飯があっという間に完成します。

作り置きおかずは便利だけれど、毎日同じものが食卓に並ぶと、飽きてしまうこともありますよね。そんなときには、こんな風に調味料として使ってみると、最後までおいしく食べ切れます。

献立
07 いわしのごま酢煮とさっぱり小鉢

本来、いわしの旬は、いちばん脂がのっているといわれる夏。でも最近は、いつでもおいしく食べられる魚になりましたね。ごま酢煮は、どの季節でも食べたくなる、いわし料理のひとつ。ポイントは、下ごしらえをきちんとすること。いわしの頭や内臓を取ったら、きれいに洗ってペーパータオルでくるんでおきましょう。こうすることで、臭みがずいぶん取れますよ。煮ると出てくるアクは、ごまを入れる前に取り除いてしまうこと。そうしないと、ごまとアクがからんでしまい、生臭い仕上がりになってしまいますから。

ごまを入れるのは、風味を出すの

いわしのごま酢煮

〈材料　2人分〉

いわし…4匹

【A】水…140cc

酒…大さじ2

みりん…大さじ2

砂糖…大さじ1/2

しょうゆ…大さじ1

酢…小さじ1

白すりごま…大さじ3

〈作り方〉

1 いわしの頭と内臓を取りのぞき、きれいに洗ってペーパータオルで水気を切っておく。

2 鍋に【A】をすべて入れ、沸いたら1のいわしを入れる。

3 再び沸いたらアクを取り、中火で2～3分煮たら、すりごまを入れ落としぶたをする。

4 弱めの中火で7～8分煮て、落としぶたを取り、様子を見ながら煮汁が少なくなるまで煮る。

きゅうりとしょうがの浅漬け

〈材料　2人分〉

きゅうり…1本

しょうが…1片

昆布塩*…小さじ1

水…50cc

かつおぶし…少々

手作りだしじょうゆ*…適量

〈作り方〉

1 きゅうりはスライサーで薄切りにする。しょうがはきゅうり同様薄切りにしたあと、千切りにする。

2 ボウルに昆布塩と水を入れ、1を浸し、5分漬けたら軽く絞る。

3 器に盛りつけ、かつおぶしをかけ、好みでだしじょうゆをかける。

*ともに作り方はp39参照

もありますが、煮詰める時間を短縮する作用も。ごまが水分とうまみを吸って、いわしにからんでくれるから、短時間で深みのある味わいに。酢もいわしの身をやわらかくしてくれるので、じっくりコトコト煮詰めたような味になるのです。

　いわしがこっくりとした味わいならば、副菜はさっぱり味のきゅうりとしょうがの浅漬け。これは、きゅうりのパリパリした食感を残したくて、塩もみをせずに浅漬けにしました。浅漬けの方が、しんなりせずに食感良く仕上がるのです。切る段階までは、同じ輪切りなので、ポテトサラダにきゅうりを入れてもいいのですが、おかずを増やすために、あえて分けてみました。ちょっとした切り替えで、もう一品作れば食卓がにぎやかになりますよ。

かぶと油あげの みそ汁

〈材料　2人分〉

かぶ…1個

油あげ…1/2枚

だし汁…400cc

みそ…大さじ1と1/2

〈作り方〉

1 かぶは8等分に食べやすく切り、葉も刻む。油あげは1cm幅に切る。

2 だし汁を沸かし、かぶ、油あげを入れ、かぶがやわらかくなったら、葉を加えて火を止め、みそを溶かし入れる。

ポテトサラダ

〈材料　2人分〉

玉ねぎ…1/4個

ハム…3枚

じゃがいも…3個(450g)

バター…大さじ1/2

マヨネーズ…大さじ3

塩…少々

こしょう…少々

〈作り方〉

1 玉ねぎは薄切りにして水にさらし、5分ほどしたら水気を切っておく。ハムは半分に切り、5㎜幅の千切りにする。

2 じゃがいもは皮をむいて4等分に切り、ゆでる。火が通ったらざるに上げ、熱いうちにつぶして、バター、玉ねぎを加えて混ぜてあら熱をとっておく。

3 2に、マヨネーズ、塩、こしょうで味を整え、ハムを加えて混ぜる。

献立
08
卵巻きごはんの休日

卵巻きごはんは、お休みの日に、ちょっと遅めの朝ごはんとしてよく作ります。パパッと次々に作ってお皿に山盛りにしておけば、ついつい手が伸びて、いくつでも食べられます。遅く起きた分おなかが空いているので、ほかにこま切れ肉のしょうが焼きも作って、ボリュームのある献立に。このしょうが焼きは、酢を使っているのでさっぱり味。しかも、酢がお肉をやわらかくしてくれるから、お腹にも軽いのです。酢以外でお肉料理をやわらかく仕上げるポイントは、みりんを使わずに砂糖

大根と桜エビのきんぴら

〈材料　2人分〉
大根…1/3本(約300g)
桜エビ…7g
ごま油…大さじ1
(または、サラダ油)
酒…大さじ1
みりん…小さじ1
昆布塩*…小さじ1(または、塩小さじ3/4)
青のり…適量

〈作り方〉
1 大根は太めのひょうしぎ切りに、桜エビは荒く刻んでおく。
2 ごま油を引いたフライパンで大根を炒める。やや透明になったら、桜エビを加える。
3 酒、みりん、昆布塩を加えて中火で2～3分炒める。仕上げに青のりをふりかける。

*作り方はp39参照

卵巻きご飯

〈材料　6個分〉
ご飯…2膳分(300g)
ゆかり…小さじ1と1/2
卵…2個
塩…ひとつまみ
油…適量

〈作り方〉
1 ご飯をボウルに入れてゆかりを混ぜ、小さめの俵型ににぎる。
2 卵に塩を混ぜて溶く。
3 中火で熱したフライパンに、ペーパータオルで油をひき、2の1/6ずつをフライパンに流し入れ、薄く広げる。卵が半熟に焼けたら、1のご飯を乗せ、箸で転がしてフライパンの上で巻く。

を使うこと。みりんは煮くずれを防いでくれるけれど、その分素材を引きしめるので、ふわっと仕上げたい時には砂糖を使います。

野菜は、みそマヨネーズにつけてもおいしいのですが、お肉で巻いて食べるのが格別。おうちでちょっとしたピクニック気分が味わえます。もちろん、天気のいい日に外に持ち出して食べても、いつもと違った味に感じられていいですよね。その場合は、卵巻きごはんの卵にしっかり火を通した方が傷みにくいですよ。

大根と桜エビのきんぴらは、火の通りが早くて手軽なクイックメニュー。朝の忙しい時間には、こういった、生でもおいしく食べられる野菜も活躍します。急いで作って火の通りがあまくても、おいしく食べられますから。桜エビの代わりに、高菜やじゃこを合わせてもよさそうですね。

野菜とみそマヨネーズ

〈材料　2人分〉
サンチュ、きゅうり、人参、しそ、大根など、お好みの野菜
【A】マヨネーズ…大さじ4
　　みそ…大さじ1
　　白すりごま…大さじ1
　　手作りだしじょうゆ*…小さじ1

〈作り方〉
1 それぞれの野菜を食べやすい大きさに切る。
2【A】をすべて混ぜ合わせ、野菜につけて食べる。

食べ方のポイント
みそマヨネーズは、ポテトサラダなどにマヨネーズの代わりで使ってもおいしい。
または、このレシピに小口切りのねぎとレモン汁を加え、魚のフライを付けて食べても。

*作り方はp39参照

こま切れ肉の生姜酢焼き

〈材料　2人分〉
細切れ肉…300g
油…大さじ1
【A】しょうゆ…大さじ1と1/2
　　酒…大さじ2
　　砂糖…大さじ1/2
　　酢…大さじ1/2
おろし生姜…小さじ1

〈作り方〉
1 油を引いたフライパンで細切れ肉をよく炒め、余分な油をペーパータオルでふき取る。
2 1に合わせた【A】とおろし生姜を入れ、炒めながらからめる。

献立

09 きのこの卵焼きと大豆たっぷりの朝ごはん

キャベツと油あげのさっと煮、梅納豆、そして豆腐汁。大豆を原料にした食材ばかりなので、植物性たんぱく質がたっぷり摂れる献立です。油あげを煮る時は、しっかり味をつけたいですね。うすぼんやりした味の油あげでは、せっかくのおいしさが半減してしまうと思うのです。だから、このさっと煮も油あげをしっかり煮ます。そして、その蒸気でキャベツを蒸し煮にするのです。こうすると、できあがりは油あげにはしっかり味がついていて、かつ、キャベツは素材の味が生きてきます。

　きのこの卵焼きは、きのこの味をしっかり引きたたせて作るから、香

明太子のごま油和え

〈材料　2人分〉

万能ねぎ…2本

明太子…1/2腹

ごま油…小さじ1/2

〈作り方〉

1 万能ねぎは小口切りにする。

2 明太子は皮を取りのぞいてほぐし、ごま油、万能ねぎと和える。

きのこの卵焼き

〈材料　2人分〉

卵…3個

しいたけ…3枚（または、しめじなどのきのこ類）

塩…小さじ1/3

みりん…小さじ1/2

油…大さじ1

しょうゆ…小さじ1/2（同量の水で薄めておく）

〈作り方〉

1 卵をボウルに溶き、塩、みりんで味付けをする。しいたけは薄くスライスしておく。

2 油をひいたフライパンでしいたけを弱火でじっくり炒め、1の卵を流し入れて菜箸でざっくり混ぜる。

3 半熟に焼けたら、3つ折りにし、しょうゆを少々かけて香ばしく焼き上げる。

りがよくて上品な味わいです。これはしいたけのみですが、好きなきのこで試してみてください。きのこを弱火でじっくり炒めると水分が出てきます。そこからさらに、その水分を飛ばしながらきつね色になるまで炒めると、とても味が濃くなって油にもうまみが移ります。そこに卵を流し込めば、全体に風味が広がって、とってもおいしくなるのです。最後に、表面を香ばしく仕上げるためにしょうゆをかけます。でも、その量が微量なので、以前試作したときに卵の一部分にだけしょうゆがかかってしまったことが……。卵全体にしょうゆをいきわたらせるために、試行錯誤の末、同量の水でしょうゆを薄めてみたのです。すると、うれしいことに香ばしい香りはそのままで卵全体に味が行き、正解でした。チャーハンの仕上げなどにも使える裏技です。

豆腐汁

〈材料　2人分〉
絹豆腐…1/2丁
かいわれ大根…1/2パック
かつおのだし汁…400cc
しょうゆ…大さじ1/2
塩…小さじ1/3
おろししょうが…小さじ1/2

〈作り方〉
1 豆腐は十字に切って1/4のサイズにする。かいわれ大根は、根っこの部分を切り落としておく。
2 鍋にだし汁を沸かし、しょうゆ、豆腐を入れ、弱火で5～6分温める。
3 塩で味を整え、かいわれ大根を入れて火を止める。
4 器に盛り、おろししょうがを添える。

梅納豆

〈材料　2人分〉
納豆(小)…2パック
梅干し…1/2個(10g)
白いりごま…小さじ1/2

〈作り方〉
1 納豆に、種をのぞいた梅干しを手で小さくちぎって入れ、混ぜる。
2 器に盛ったら、白いりごまをかける。

キャベツと油あげのさっと煮

〈材料　2人分〉
油あげ…1枚
キャベツ…1/4個
かつおのだし汁…100cc
【A】みりん…大さじ1
　薄口しょうゆ…大さじ1

〈作り方〉
1 油あげは1cm幅に、キャベツは食べやすい大きさにざく切りにする。
2 鍋にだし汁を入れ沸騰したら、【A】と油あげを入れて1～2分煮る。
3 2にキャベツを入れ、ふたをして中火で蒸し煮にする。キャベツがしんなりしたら、ふたを取り、全体を混ぜて味をなじませる。

季節で楽しむ卵焼き

卵は、埼玉県や神奈川県の相模原にある養鶏場から取り寄せています。味がとても濃厚ですし、近場なのでとても新鮮なうちに手に入るのです。でも、卵をお取り寄せしている人はなかなかいないかもしれませんね。そこでおすすめなのが、お肉屋さんで売っている卵。じつは、新鮮な卵を置いているお店が多いのです。おいしい卵を使うと、卵焼きもいつもより深い味わいになります。

卵焼きは、具材や味付けを変えることで、さまざまな味を出せるのが魅力のひとつ。具材で季節を感じることもできるし、ほかのおかずの味とのバランスを考えて味付けができるので、いろいろなタイプの食卓に登場することができるのです。朝、体にとってとくに大切なたんぱく質を手軽に摂れるのが卵。毎日バリエーションを楽しみながら食べてほしいです。

夏

とうもろこしの卵焼き

〈材料〉

卵…3個

生のとうもろこし…1/2本

塩…少々

砂糖…1

バター…大さじ1

〈作り方〉

1 卵は溶いて塩と砂糖を加えておき、とうもろこしは、実の部分を包丁でそぎ落としておく。

2 半量のバターを入れたフライパンでとうもろこしを炒め、火が通ったら残りのバターを加えて溶かす。

3 2に1の卵を注ぎ入れ、菜箸で大きくかき混ぜて、半熟状になったら3つ折りにして焼く。

春

そら豆の卵焼き

〈材料〉

卵…3個

そら豆…15個(70g)

パルメザンチーズ…大さじ1

塩…少々

こしょう…少々

油…大さじ1/2

〈作り方〉

1 そら豆は約5分ゆでて皮をむき、軽くつぶしておく。

2 卵を溶き、1とパルメザンチーズ、塩、こしょうを加え混ぜる。

3 油をひいたフライパンに2を注ぎ入れ、菜箸で大きくかき混ぜて、半熟状になったら3つ折りにして焼く。

冬

春菊の卵焼き

〈材料〉

卵…3個

春菊…3枝(約1/4束)

しらす…20g

薄口しょうゆ…小さじ1

みりん…小さじ1/2

油…大さじ1/2

〈作り方〉

1 春菊は小口切りにし、茎の部分はとくに細く刻んでおく。

2 卵を溶き、1としらす、薄口しょうゆ、みりんを入れて混ぜる。

3 油をひいたフライパンに2を注ぎ入れ、菜箸で大きくかき混ぜて、半熟状になったら3つ折りにして焼く。

秋

きのこの卵焼き

〈材料〉

卵…3個

ベーコン…1枚

しいたけ…2枚

しめじ…少々

油…大さじ1/2

みりん…小さじ1/2

しょうゆ…小さじ1/2

〈作り方〉

1 卵はみりん、しょうゆと合わせて溶いておく。ベーコンは細切りに、しいたけはスライス。しめじは小さくほぐしておく。

2 油を引いたフライパンで、1のベーコン、しめじ、しいたけを中火でじっくり水分がなくなるまで炒める。

3 2に1の卵を注ぎ入れ、菜箸で大きくかき混ぜて、半熟状になったら3つ折りにして焼く。

甘さひかえめの簡単ジャム

ふぞろいのいちごが売られているのを見ると、無性にジャムが作りたくなります。長期間保存するために砂糖をたくさん入れて、じっくり煮込んだジャムもおいしいのですが、サッと作れて、数日で食べ切れるジャムなら気軽に作れていいですよね。この簡単ジャムは砂糖が控えめなので、パンやパンケーキにたっぷりのせても甘みは控えめ。ただ、長期保存用の作り方ではないので、なるべく早めに食べてください。私はバターを塗ったパンにのせて食べるのが、甘しょっぱくて大好きですが、さわやかできれいな色合いになるジャムソーダもよく作ります。

いろいろな果物で作りましたが、まだ挑戦していないのが梅なのです。毎年梅酒は作るのですが、ジャムにはまだ使ったことがないので、次の夏には作ってみたいです。

4で火を止める前の水分量目安。

りんごのシナモンジャム
（保存期間：冷蔵庫で２～３日）

〈材料〉

りんご…１個

バター…大さじ１

グラニュー糖…40g

はちみつ…大さじ1

シナモン…適量

〈作り方〉

1 りんごを6等分のくし形に切り、芯を取ってさらに5～7cm幅にスライスする。

2 熱したフライパンにバターを入れ、りんごを炒める。

3 りんごが半透明になったらグラニュー糖を加え、全体になじませたら、はちみつを加える。

4 最後にシナモンをふりかけたら火を止め、ふたをして10分間蒸らす。

5 容器に入れて、冷めたら冷蔵庫で保存する。

ベリージャム（保存期間：冷蔵庫で約１週間～10日間）

〈材料〉

いちご…350g（約1パック）

ブルーベリー…100g（約1パック）

はちみつ…大さじ２強

砂糖…120g

〈作り方〉

1 いちごはへたを取ってたて半分に切る。

2 鍋に１とブルーベリー、はちみつ、砂糖を入れて中火にかける。

3 全体が煮えて、煮汁にとろみが出てきたら出来上がり。

4 容器に入れて、冷めたら冷蔵庫に保存する。

食べ方のポイント　できたての熱々を食べるのもぜいたくでおいしいが、一晩たつと、とろみが増し、さらに深い味わいになる。

お気に入りのジャム

私は素朴なジャムが好きなので、素材がシンプルなものを選びます。なかでもサンクゼールのジャムがパッケージもかわいらしくてお気に入りです。昔ながらの作り方を大切にしているので、果物のうまみがぎゅっと詰まっていて、保存料や香料を使っていないのも良いところ。このお店ではジャムだけでなく、スプレッドやバターもよく買います。とくに「七穀バター」は、玄米、大麦、あわ、きびなどがたっぷり入ったやさしい味で大好きです。また以前、明治屋で買ったハイプレッシャージャムも絶品。加熱せずに圧力処理製法だから、みずみずしく、生の果物のおいしさがジャムとして味わえます。加熱製造ではないためか、冷蔵コーナーに置いてありました。

献立
10 コーンパンケーキと2つのサラダ

パンケーキをきれいに焼くのは難しいと思われがちですが、テフロン加工のフライパンなら、生地を流し込んでから熱してもくっつかず、上手に焼けます。焦がさずに中まで火を通すためには、低温で焼くことがポイント。だから、二枚目を流し込む前に、フライパンの底を水道の水で、ジュッと冷やします。濡れふきんを用意してもいいのですが、ふきん自体が熱くなってしまうので、水道の方が早いし、安全なのです。

　コーンクリームは、実はパンケーキの生地と同じくらいの水分濃度。だから、ホットケーキミックスで作

コーンパンケーキ

〈材料　2人分〉

小麦粉…160g
ベーキングパウダー…小さじ1と1/2
バター…20g（約大さじ1と1/3）
卵…1個
コーンクリーム…100g（小缶約1/2）
砂糖…40g（約大さじ4）
牛乳…100cc
油…適量

〈作り方〉

1 小麦粉とベーキングパウダーは、ふるって合わせておく（時間がなければふるわなくてもよい）。バターは電子レンジで30秒熱するか、湯せんをして溶かしておく。
2 ボールに卵を割りほぐし、砂糖と牛乳を入れて混ぜる。
3 2に溶かしバター、コーンクリームを入れて混ぜる。
4 1を加え、ホイッパーで混ぜる。
5 油を薄く引いたフライパンで、両面をこんがり焼く。

作り方のポイント

生地をフライパンに入れたらふたをして、弱めの中火で1分半～2分焼く。表面にプツプツと穴が出てきたら、ひっくり返して約1分焼くと、上手に焼ける。またホットプレートを使えば、一度にたくさん焼くことができ、できたてをみんなで食べられる。

る場合は、箱に書いてある一袋分の材料で普段通り生地を作り、コーンクリーム100gを足すだけ。そこへさらにコーンクリームを足せば足すほど、コーンの味が強くなって、もっちりとした食感になり、また違った味を楽しめますよ。余ったコーンクリームはオムレツに入れると、香りや食感が良くなって絶品です。

おやつ感覚のパンケーキには、塩気のきいたスパムが意外に合います。弱火でじっくり焼くとカリカリになって、これまたおいしい。ときどき無性に食べたくなる味です。

サラダは二種類。レタス、きゅうり、セロリのシャキシャキしたサラダと、ロシアで食べてヒントを得たポテトサラダ。ポテトサラダと鮭って、相性のいい組み合わせなのです。鮭の代わりに、甘塩たらもおすすめ。バジルの香りで絶妙なアクセントをつけて。

レタスときゅうりとセロリのサラダ

〈材料　2人分〉
レタス…1/2個
きゅうり…1/2本
セロリ…1/2本
オリーブオイル…大さじ2
塩…少々
こしょう…少々
酢…大さじ1/2

〈作り方〉
1 レタスはちぎって水に浸しパリッとさせ、しっかり水気を切っておく。
2 きゅうり、セロリは薄切りにする。
3 ボウルに1、2を入れてオリーブオイルで和え、塩、こしょう、酢で味を調える。

ポテトサラダ

〈材料　2人分〉
じゃがいも…2個
にんじん…1/2本
塩鮭…1切れ（小）
卵…1個
マヨネーズ…大さじ3
塩…少々
こしょう…少々
バター…小さじ1
バジル…1株

〈作り方〉
1 じゃがいもは皮をむいて4等分に切り、ゆでる。十分に火が通ったら、ざるに上げる。冷めないうちにつぶしてバターを混ぜ、あら熱を取る。
2 にんじんをひょうしぎ切りにし、ゆでてざるに上げ、その残り湯で鮭もゆで、取り出して細かくほぐす。
3 固めのゆで卵を作る。鍋に卵を入れて、卵が隠れるくらい水を入れて強火にかける。沸騰したら、中火にして8分ゆでて鍋から取り出し、水で冷ましながら殻をむいて粗く切る。
4 じゃがいも、にんじん、鮭、マヨネーズを和える。塩、こしょうで味を整えたら、ゆで卵を加え、さっくり和える。
5 器に盛りつけたら、バジルをちぎって散らす。

スパム焼き

〈材料　2人分〉
スパム…お好みの量

〈焼き方〉
1 食べやすい大きさに切り、弱火でじっくり両面を焼く。

SEL

献立

11 蒸し野菜とオムレツサンド

「パンを蒸す」という発想は、以前、蒸した野菜とトーストを一緒に食べようと思っていたのにトースターがなく、試しにパンも蒸してみたのがはじまりでした。これが大正解。耳の部分までしっとり、もっちりとした食感になって、感動したのを覚えています。

蒸したパンの場合、カリッとしたトーストとは違って、バターが塗りにくいので、パンに挟むオムレツにバターを絡ませてあります。オムレツは多少大きくなっても、蒸したパンには弾力があるので、しっかり包み込むことができるのです。

パンに限らず、蒸すとなんでもお

オムレツサンド

〈材料　2人分〉

卵…3個

蒸した食パン（6枚切り）…2枚

※「蒸し野菜とソーセージ」レシピ参照

バター…大さじ1強

【A】牛乳…大さじ1

塩…小さじ1/3

黒こしょう…少々

〈作り方〉

1 卵をボウルに入れ、【A】を加えて混ぜる。

2 オムレツを作る。フライパンにバターを大さじ1/2溶かし、溶いた卵を半分入れ、菜箸で大きくかきまぜ、半熟になったら折り返して焼く。バターを少々足して仕上げる。同様にもう一つ作る。

3 野菜とソーセージを盛りつけ、一緒に蒸したパンに、2をはさむ。

いしくなる気がします。先日、枝豆を蒸してみたらすごく甘くなっておいしかったし、プチトマトなど、いつも生で食べているものも、蒸すと甘味が増すのです。一度にいろいろな野菜がおいしく食べられるから、野菜不足を感じたときは蒸して食べるといいですよ。素材の味がぎゅっと凝縮されるから、なるべくシンプルに食べて欲しくて、焼き塩とこしょうのオリーブオイルソースを付けてみました。最近、畑で野菜作りにも挑戦しているのですが、採れたての野菜を蒸して食べると、素材の甘味が引き立って、さらにおいしく感じます。

　蒸すには、せいろが便利です。素材に木や竹のいい香りがほんのり移るし、蒸した後にそのままテーブルに出せるので、お皿に盛ったり、片づけたりする手間が省けるのもいいです。

カフェオレ

〈材料　2人分〉
コーヒー…250cc
牛乳…150cc
はちみつ…大さじ2
シナモン…適宜
〈作り方〉
1 お好みで作ったコーヒーにあたためた牛乳とはちみつを加え混ぜ、最後にシナモンをふりかける。

蒸し野菜とソーセージ

〈材料　2人分〉
ブロッコリー…1/2個
にんじん…1/2本
かぼちゃ…1/8個
ソーセージ…適量
プチトマト…適量
食パン（6枚切り）…2枚
〈作り方〉
1 ブロッコリー、にんじん、かぼちゃなど、お好みの野菜を食べやすい大きさに切る。
2 固いものから順に蒸し器に入れ、ソーセージと一緒に4～5分蒸す。
3 最後の1分ほどで、食パンとプチトマトを入れて蒸す。
※パンは右ページのオムレツサンドで使います。

オイルソース

〈材料　2人分〉
オリーブオイル…大さじ1
焼き塩…適宜
こしょう…適宜
〈作り方〉
1 小皿に材料を混ぜておいて、野菜を食べる時につける。

献立

12

ミートソースごはんと彩り野菜のブランチ

　スパゲッティのときとは味付けを変えて、みそやしょうゆを入れることで、ご飯に合うミートソースにアレンジしました。でも、和風というわけではなく、お昼ごはんも兼ねてしっかり食べたい時にぴったりな一品です。しかも、驚くほどあっという間にできてしまうのも魅力的。

　ミートソースごはんのお皿にビビンバ風に盛り付けて一緒に食べてほしいのが、二種類の野菜メニュー。ほうれんそうの松の実和えは、パルメザンの風味が効いたちょっと甘しょっぱい味。にんじんともやし炒めは、ミートソースごはんだけでは食感が少し物足りないので、アクセントになるように、シャキシャキの食

ミートソースごはん

〈材料　4人分〉

玉ねぎ…1個
にんにく…1片
合挽き肉…300g
ホールトマト…1缶(400g)
オリーブオイル…大さじ1
塩…小さじ1
みそ…小さじ2
こしょう…少々
しょうゆ…小さじ1
ご飯…好みの量
温泉卵……2個

〈作り方〉

1 玉ねぎとにんにくはみじん切りにしておく。
2 鍋にオリーブオイル、にんにくを入れ、弱火で炒める。香りが出てきたら、玉ねぎを加えてしんなりするまで炒める。
3 2の鍋を中火にして合挽き肉を加えて焼き、色が変わったらホールトマトをつぶしながら加え、塩、みそ、こしょうを加え、弱火にしてふたをする。
4 5分程したらふたを開けて、混ぜながらさらに約10分煮る。
5 最後にしょうゆを加えて混ぜ、火を止める。
6 器にご飯を好きなだけ盛ってミートソースをかける。お好みで温泉卵をのせる。

温泉卵の作り方

卵をどんぶり型の器に入れ、卵が隠れるくらいまで熱湯を注ぐ。
ラップを湯面に着くようにかぶせ、その上からさらに器にもラップをかけて20～25分置くとできあがり。

※ミートソースは、多めに作るとコクが出るため、4人分で作っています。

感が残るように炒めてあります。にんにくの香りと歯ごたえが相まって、どんどん箸が進む一品です。野菜炒めをシャキッと仕上げるコツは、塩・こしょうをする前に油で野菜をしっかり炒めておくこと。塩・こしょうを早めに入れると、野菜に火を通している間に水分が染み出て、しんなりした仕上がりになってしまうのです。炒め物だけでなく、野菜の切り方でシャキシャキの歯ごたえを付けることもできます。たとえば、玉ねぎは、頭と根元を切り落として縦に半分に切ったあと、切った根本を手前にして、縦に切っていくと、繊維に沿って切れるのでシャキシャキとした食感が残ります。逆向きにすると火が通りやすいので、スープなどに良いと思います。こういうちょっとしたことを頭に入れて料理を作ると、食感のバランスがとれた献立が作れますよ。

玉ねぎのスープ

〈材料　2人分〉

玉ねぎ…1/2個
水…400cc
ブイヨン…1個
昆布塩*…小さじ1/2
黒こしょう…少々

〈作り方〉

1 玉ねぎはスライスする。
2 水が沸騰したらブイヨンを溶かし、玉ねぎを加える。煮えたら昆布塩で味を整え、器に盛りつけたら黒こしょうをふる。

にんじんともやし炒め

〈材料　2人分〉

にんじん…1本
にんにく…1個
鷹の爪…1本
オリーブオイル…大さじ1
もやし…1/2袋
塩…少々
こしょう…少々

〈作り方〉

1 にんじんは皮をむき千切りにし、にんにくはつぶしておく。鷹の爪は、半分にして種を取りのぞく。
2 フライパンにオリーブオイル、にんにくを入れて弱火にかけ、香りが立ってきたら、鷹の爪、にんじんを入れ炒める。
3 にんじんがしんなりしてきたら、もやしを加えて軽く炒め、塩、こしょうで味を調える。

ほうれんそうの松の実和え

〈材料　2人分〉

ほうれんそう…1束
松の実…25g
【A】粉チーズ（パルメザン）
…大さじ1/2
はちみつ…大さじ1/2
酢…大さじ1/2
塩…小さじ1/3

〈作り方〉

1 お湯を沸かしほうれんそうをゆでて、水にさらしたあと、絞って5cmの長さに切っておく。
2 松の実は炒って荒く刻み、【A】に混ぜ、それを1のほうれんそうと和える。

---

*作り方はp39参照

朝にぴったりの器

　朝ごはんに使うお皿は、サッと出せて、盛り付けやすく、片づけもしやすいものが基本。たとえば、横長のお皿はワンプレートで済ませたい時に便利です。いくつかのおかずを横一列にのせることができ、味が混ざりにくく、盛り付けやすいので、よく使います。それに、白いお皿はどんな料理でも合うので重宝しています。鳥や魚の絵柄のお皿は、福岡の陶芸家の作品で、以前その方の展覧会で買ったもの。落ち着いた青と癒される絵が気に入っています。こういったシンプルなお皿が欲しい時は、「ビオトープ」という北欧などの陶器、ガラス器などを扱っているお店によく行きます。

　また、和食のように、いくつもおかずがある献立には、小鉢が必要不可欠。丈夫で重ねやすいものがあると安心です。メインが白いお皿のときは、少し色が入っている小鉢を入

れるだけで、アクセントになります。サッと重ねて片付けられるところも、小鉢の好きなところです。
忙しい朝には、ｂｏｄｕｍの耐熱ガラスのふた付きボウルもおすすめです。このシリーズは、器としても食卓に出せて、中身が余ったらふたをすればそのまま冷蔵庫に保存できるので、時間短縮になる優れもの。耐熱ガラスだから、電子レンジにも使えるのです。お値段もお手頃なので、サイズ違いで持っていると便利です。
仕事でもプライベートでも、器を選ぶのは本当に楽しいものです。気に入るとすぐ買って帰ってしまうので、作業場には、器屋さんが開けるのではないかというほどたくさん集まってしまいました。朝ごはんのためにお気に入りの器を買うと、朝起きるのが楽しみになります。

朝ごはんに便利な
お気に入りのキッチン用品

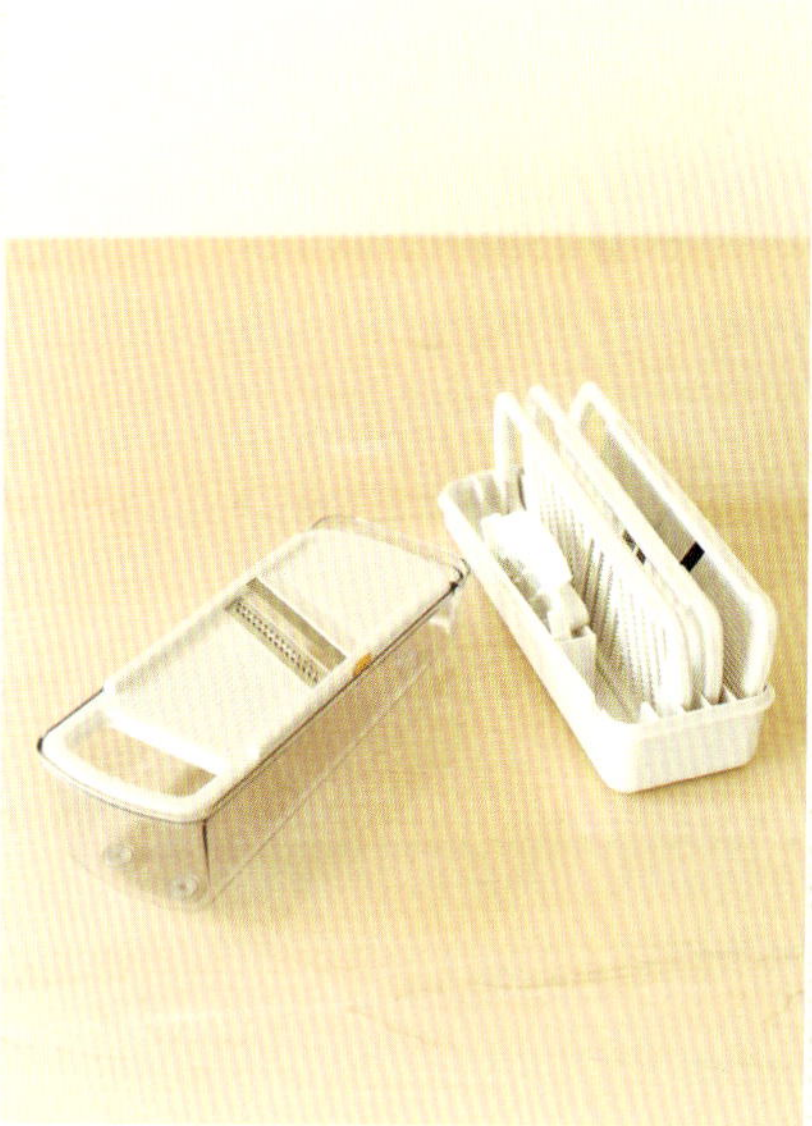

キッチン用品選びは、使いやすさはもちろんのこと、洗いやすさや計りやすさも大切なポイント。朝だけでなく、仕事でも短時間でたくさんの料理を作ることが多いので、スムーズに使えるものを選ぶようにしています。

東急ハンズで買ったスライサーセットは、歯が野菜をつぶさない構造にきちんとなっていて、きれいにスライスできる優れものです。ふたがスライストレーも兼ねていて、傾斜のあるつくりなので力が入れやすいのです。野菜が小さくなったときに手を保護してくれる、野菜ホルダーもついてます。

そして、本来の用途ではなくても、意外に使える道具もあります。私は無印良品の紅茶メーカーをだし汁作りに使っています。紅茶の茶葉の代わりにかつおぶしを入れてお湯を注いで圧縮するだけで、だし汁の

できあがり。内容量９００mlと大きめなので、かなり使えます。この薄手のプラスティック製まな板も無印良品で買ったもの。ちょっとしたものを切る時にも便利だし、いつも使っている木のまな板の上に置いて使えば、汚れてもプラスティックの方だけ洗えばいいから朝向きですね。

　最後に見やすい計りがついたもの。目盛りが上からでも見える計量カップと、目盛り部分が段になっていて調味料のかさがわかりやすいおたま。素早く量れる道具があると、味の付け足しをするときにとても役立ちます。

　キッチン用品って、取りあえず適当に買ってしまったりしますよね？でも、長く使うものだからじっくりと選んで、本当に気に入ったものだけを買うようにしたいですね。

朝食スナップ

私が仕事やプライベートで食べた、
その土地ならではの朝ごはん集。

フィンランドのカフェの朝ごはん

写真だとバイキング形式の朝食のように見えますが、このお店はおかずの選び方が「イギリス」「アメリカ」「フランス」など各国ごとにワンプレートになっていて、好みの国の名前でプレートを注文するというユニークな形式でした。私はベーコン、ソーセージ、野菜、果物とトースト2枚がついてくるイングリッシュプレートを選びました。でも、あとからフランスプレートにすればよかったとちょっと後悔。フランスプレートにはチーズがたっぷり盛ってあり、チーズ好きの私にとってはとても魅力的に見えたのです。でも、フランスに限らず、どのプレートも豪快な盛り付けとバラエティ豊富な内容で、ボリューム満点の朝ごはんでした。朝ごはんをしっかり食べた後は「しっかり動かなくては！」と、いつもより張り切って仕事に臨めますよね。

サンクトペテルブルグの食堂

ロシアのこの食堂は、トレーを持って、できたての料理やパンの前を進んでいき、自分の好みの料理を選んでいくスタイル。ここでは英単語すら通じず、身ぶり手ぶりで伝えていたところ、予定よりたくさん注文してしまいました。鶏のムネ肉にバターを挟んでフライにした「キエフ風カツレツ」、サワークリーム、きゅうり、ゆで卵、ビーツの冷たいスープ「ハラドニーク」。油で揚げずに焼いたピロシキは、健康を気づかうロシアの若者に人気だそう。自由に選べるメニューがあるときやバイキングでは、どれも試したくなってしまうので、私のプレートはいつも山盛り状態。でも、隣の友人を見ると、ひとつのお皿に適量のおかずがきれいに盛りつけられていて……！バイキングで、センスの良い盛り付け方や、いさぎよい決断ができる人には憧れてしまいます。

フィンランドのミルク粥パン

ミルクでお米をクックッ煮て作った「ミルク粥」。これを小麦粉の生地で包み焼いたパンが「ピーラッカ」というものです。タルトのようにも見えますが、周りの生地は意外にもしっとりしていて、口あたりもやわらか。仕事仲間が食べていたのをきっかけに知りましたが、フィンランドではシナモンロールくらいポピュラーな食べ物だそう。ちなみに、シナモンロールがどれくらいポピュラーかというと、どの家庭でも週末に必ず作ると言われるほど。小麦粉などの分量は各家庭にオリジナリティがあるようで、それぞれ味や形は微妙に異なるようです。

ピーラッカは、カフェで注文すると温めてくれます。小さいグラスに入れて添えてあるのは、刻んだゆで

卵にバターを混ぜた「卵バター」。熱々のピーラッカにのせると、バターがじんわり溶け出し、このバターの塩分がほんのり甘いミルク粥にちょうどいいのです。

じつは、最初はピーラッカが苦手でした。初めて食べた時は、冷めたままだったのもあり、おいしく感じなかったのですが、温かいものに卵バターをのせて食べたのをきっかけに、このおいしさの虜に。日本のパン屋でもピーラッカを見つけたのですが、卵バターで食べさせてくれるお店はなく……。結局、卵バターは自分で作ることに。固めのゆで卵を細かく刻んで、常温でやわらかくしたバターと和えるだけ。おいしくできたので大満足でした。

名古屋のモーニング

名古屋のモーニングのことは噂に聞いていましたが、この日が初体験。「モーニング」という名前がありながら、朝だけでなく、昼でも夕方でも、コーヒーを注文すると必ずパンが付いてくるというお店もありました。しかもコーヒー一杯の値段で！　太っ腹ですよね。名古屋の定番「小倉トースト」は、なるほど、甘しょっぱい味が確かにおいしい。パンのほかに普段はデザートとゆで卵がついてくるそうなのですが、私が行った時期が冬だったので、ゆで卵の代わりに茶碗蒸しが付いてきたのです。茶碗蒸し好きの私としては、この時期に行けて幸せでした。小倉トーストとの組み合わせは意外でしたが、やわらかい食感と味がお腹にもやさしい「朝の茶碗蒸し」、絶対ありだと思います。名古屋は独特の文化があって、食についても奥が深そうですよね。

奄美大島の鶏飯

Amami-oshima

奄美大島の郷土料理、「鶏飯」。鶏のうまみがたっぷり染み出ただし汁を、いろいろな具材をのせたご飯にかけて食べる、お茶漬けのような料理です。あっさり味でさらさらと胃袋に入ってしまうので、つい食べすぎてしまう危険な食べ物でもあります……！　これを朝から食べた日は、とてもぜいたくな気分になりました。具材はご飯とは別盛りになっていて、パパイヤの漬け物、だし汁でゆでてほぐした鶏肉、錦糸卵、紅しょうが、それにたっぷりのねぎなどが付いてきます。これらを温かいご飯に好きなだけのせて、だし汁をかけていただくと……、もう箸が止まりません！　しかも、ご飯はおひつで付いてくるので、当然1杯だけではおさまらず、わんこそばならぬ、わんこ鶏飯状態。誰か私を止めて！と思いつつも、結局、おひつのご飯を全部平らげてしまいました。

築地に行った日の朝ごはん①

築地へ買い出しに行った朝にときどき立ち寄る、パン屋兼喫茶店の「木村家」。築地市場ができた昭和初期からある古いお店です。そのお店にあった本に、創業当時は喫茶店が「ミルクホール」と呼ばれていたと書かれていました。私は自分が生まれる前の時代のことにとても興味があるので、こういった文献を読むだけでなく、古くからあるお店に行くとお店の人と昔の料理の話などでついつい話し込んでしまいます。

この「木村家」で必ず注文するのが、ハムトーストとミルクコーヒー。シンプルなハムトーストなのですが、素朴で懐かしい味がたまらなくおいしいのです。誰かに作ってもらうハムトーストとミルクコーヒーは、自分で作ったときより何割増しかおいしい気がします。パン屋なのに食べ終わったころに緑茶が出てくるのも、なんだか和むお店です。

築地に行った日の朝ごはん②

中トロのマグロのお刺身、箱買いした肉厚なしいたけの網焼き、北海道の太くてやわらかいアスパラ蒸し、玉ねぎがたっぷり入ったさつま揚げ、いくらのしょうゆ漬け、金時草のおひたし。これだけそろえば、朝ごはんとして完璧。築地にはいつも仕事の買い出しに行っているはずなのに、気がつけば自分のものが半分も……。おかげで大量の荷物を車に詰め込み、帰宅してからも大変！ なんていう状況はよくあることです。

築地だけでなく、仕事で地方に行くときは、リサーチのためにその土地の市場にもよく行きます。そうすると、地元ならではのおいしい食材に出合えることもしばしば。そういうときは宅急便で送ってもらい、帰ってからどんな料理に使おうかと考えをめぐらせて、ひとり楽しむのです。公私混同できる仕事、フードスタイリストで良かった!!

ロシアのルームサービス

ロシアのホテルでは、朝ごはんをルームサービスで注文してみました。パンケーキは小ぶりでかわいらしく、あっさりした味。バターやジャムをたっぷり付けていただくと、どんどん食べられてしまいます。（ホテルにあったキャビアバーでは、このパンケーキにキャビアをのせて食べるのだそう。挑戦したかったのですが、恐ろしく値段が高くてあきらめました……。）

ロシアと言えば、紅茶にジャムを入れる「ロシアンティー」が有名なので、せっかく本場の国に来たのだから飲んでみたくて、ルームサービスのメニューを探したのですが見つからず……。でもあきらめきれずに、フロントに電話をして必死に説明してみたところ、なぜか紅茶には

ちみつを添えて持ってきてくれました。考えてみると、どの店へ行ってもロシアンティーの存在がなかったような……。あとから調べてみたら、ジャムを紅茶に入れるというロシアンティーは、日本人がロシアのイメージから作り上げた飲み方で、実際にはロシアに存在しないそう！

　ロシアでのポピュラーな紅茶の飲み方は、濃い紅茶にジャムやはちみつを添えて、それを舐めながら飲むのだそうです。なるほど、それではちみつを付けてくれたのかと納得。

　このルームサービス、お皿やティーポットなどの食器も素敵で、買って帰りたかったのですが、ホテルマンに聞いてみたらホテルのオリジナルで販売はしていませんでした。ちょっと残念。

千葉の漁師さんの朝ごはん

千葉の漁師さんたちが、地元で獲れたものをふんだんに使って、私たち撮影スタッフのために用意してくれた朝ごはんです。獲れたてのピカピカしたイカ刺しや、きれいな赤身のかつおのたたき、イカゲソのなめろう、炊きたてのご飯、そして野菜たっぷりのみそ汁。めずらしいイカゲソのなめろうは、地元の漁師さんのオリジナルメニューだそう。どれも本当においしくて、心の底から満足しました。

フードスタイリストをやっていたからこそ、食べることができた漁港の朝ごはん。朝から腕をふるってくださった漁師さんたちに大感謝です。私にとってぜいたくな朝ごはんとは、こういったものだと改めて感じました。その土地の食材がふんだんに使われ、そこに住む方たちのアイディアが盛り込まれた、手づくりが伝わるごはんです。

北海道へ仕事で行ったときの朝ごはん

出張したときには、早起きしてその土地の市場や商店街へ出かけるのを楽しみにしている私。そして、市場で朝ごはんも食べるときは、自分の勘に頼って市場内の食堂や喫茶店を選びます。この日の朝は、食堂で毛ガニ、いくら丼、ほっけ焼きを食べました。毛ガニはお土産にして、家で食べようかとも迷ったのですが、新鮮なうちに食べるのが一番！と思い、現地のおいしさを味わいました。その代わりにじゃがいもを勧められ、「東京でも北海道産のじゃがいもは売っているのに」と思いつつも、3種類くらい買ってみました。そしたら……、食べてびっくり！ 蒸してバターを付けただけなのですが、本当においしくて、2個も3個も食べてしまいました。東京で売っているものとは明らかに違う、濃厚な味。やはり本場のものは違います。

フィンランドのエビとゆで卵のパン

フィンランドの定番であり人気の、エビとゆで卵のパン。下にはスライスしたパンが敷いてありますが、具だくさんで見えないほど。トーストのように手で持つのは食べにくそうだったので、まずは周りの人の食べ方を観察してみました。すると、ナイフとフォークを使って、エビとゆで卵、野菜、パンをそれぞれ一口大に切りながら上手に食べていました。それなら、パンは別添えでも良さそうですけど（笑）、これがフィンランド流なのでしょう。

私を含め、日本人にはエビ好きや卵好きがきっと多いと思うので、朝ごはんにぜひ試してほしい一品です。作り方は、パンの上に野菜、ゆで卵スライス、ゆでエビをたっぷりのせ、ケチャップとマヨネーズを混ぜたオーロラソースをかけるだけ。簡単、手軽にフィンランド気分を味わえますよ。

ハカニエミの市場のスープ

フィンランドのハカニエミにある市場は、二階建てで、体育館のようなとにかく大きい市場です。一階では魚や肉、野菜、スパイスなどなんでも揃いますし、二階には洋服や食器なども。そこに、フィンランドでいちばんおいしいと評されているスープ屋さんがあります。私が食べたのは、魚のうまみがたっぷり染み出たサーモンスープ。サーモン、玉ねぎ、セロリ、トマトなどが角切りになって入っています。さらに、ハーブのディルがたっぷり入っていて、サワークリームのトッピングも。食べ始めはサワークリームを溶かさずにいただき、徐々に溶かして、味の変化を楽しみます。添えられたパンは、オリーブオイルに浸して食べたり、スープに浸して食べたり。どんぶりサイズのスープでも最後まで飽きずにおいしく食べられました。

ワンプレートの朝ごはん

ハムエッグとおかかごはん

これは、私のクイック朝ごはん。とにかく急いでいる朝は、冷蔵庫にあるものとご飯を使ってワンプレートにすることがよくあります。ワンプレートにすると、おかず数がいつもより少なめでも、なんだかボリュームがあるように見えますよね。冷蔵庫にあった食材で作るので、その時々でメニューは違うのですが、なかでも気に入っているものを三つ紹介します。

どれもご飯さえ炊いてあれば、5~10分で完成するものばかり。ワンプレートごはんは、食べ終わった後に食器を洗うのが楽なのもいいですよね。おかずがたくさんあって、どれから食べようか……と迷うことも楽しいのですが、ひとつのお皿に集中してひたすら食べるのも、また違った満足感があります。

おにぎりプレート

じゃこと枝豆の炒飯

ハムエッグとおかかごはん

白いご飯を皿に盛り、ハムエッグ、おかかのふりかけ、塩昆布をのせたらできあがり。

じゃこと枝豆の炒飯

ごま油でじゃことご飯を軽く炒め、刻んだ塩昆布、ゆでた枝豆、白ごまを加えて炒めたら、お皿に盛る。最後にスクランブルエッグをトッピング。

おにぎりプレート

油で炒めて塩味をつけた大根の葉をご飯に混ぜて、おにぎりを作る。手作りふき味噌を添えて、お皿に盛る。この日は、前日に作った煮豚があったので、自分で育てた味の濃いラディッシュや山盛りのルッコラと一緒にプレートへ。

おわりに

私は、朝ごはんが大好きです。

私を含め、私のまわりには、昼でも夜でも、「朝ごはんみたいな献立がいい」という人がたくさんいます。


たとえば、炊きたてのご飯、野菜の入ったみそ汁、まわりを軽く焼いたたらこ、納豆、生卵、辛味大根のおろし……。

または、外はこんがり、中はしっとりのトーストにバターを溶かして、付け合わせにシャキッとした生野菜、おいしいハムとオムレツ、それに深炒りのコーヒー……。

考えただけでうっとりします。

アメリカの映画のセリフに
「ご飯できたわよ！　朝ごはんみたいな夕飯好きでしょ」
と母親が息子を呼びに来るシーンがあります。
朝ごはんが好きなのは、万国共通なんだと妙に納得した一場面でした。

この本を作るにあたり、お気に入りの朝ごはんの献立がたくさん増えました。
まずは一汁一菜から。
日本の朝ごはんは、古き良き和食の基本です。
目玉焼きを自分の理想の固さに焼いてみる、
だしをとって、みそ汁を作る。
ときにはご飯を鍋で炊いてみる。
ぬか漬けを作ってみる。
自分なりのこだわりを持って、誰かのために、自分のために、
簡単だけど丁寧に心をこめて作る朝ごはんは、
どんなご馳走よりも理想の食事。
そんな朝ごはんを食べている人を、私はかっこいいと思います。

洋食や外食が続いたときなどは、昼や夜でも朝ごはんの献立はおすすめしたいもの。ご飯でもパンでも、手軽に作れて栄養たっぷりのこの献立は、
からだが喜んでくれるはずです。

あなたなりの、理想の朝ごはんを食べて、
心もからだも健やかな毎日を送ってください。
朝ごはんのおいしさや大切さを少しでも多くの人が感じることができれば
とても幸いです。

飯島奈美

Nami Iijima

飯島奈美（いいじま・なみ）

フードスタイリスト。1969年生まれ。

「おいしそうに見えるものは、食べてもおいしく」ということを心がけ、見た目の美しいスタイリングから、素朴で懐かしささえも感じる家庭料理のスタイリングまで、自ら幅広くこなす。映画『かもめ食堂』、映画『めがね』に登場するすべての料理を手がける。そのほかにも「パスコ（超熟）」などのCMや、ドラマ、雑誌、プロモーションビデオなど、さまざまな分野で活躍。現在、雑誌・AERA（朝日新聞出版）にて、映画や小説のなかに登場する料理を再現する「シネマ食堂」、ウェブサイト・ほぼ日イトイ新聞にて、料理コンテンツ「LIFE　なんでもない日、おめでとう！のごはん」を連載中。

アートディレクション　細山田光宣
デザイン　鈴木あづさ（細山田デザイン事務所）
撮影　新居明子
イラスト　飯島奈美
料理アシスタント　板井うみ
南えりこ
辻間由紀
編集　岩本理恵（MOSH books）
伊藤彩野（MOSH books）

朝ごはんの献立

●協定により検印省略
著　者　飯島奈美
発行者　池田　豊
印刷所　日経印刷株式会社
製本所　日経印刷株式会社
発行所　株式会社池田書店
東京都新宿区弁天町43番地（〒162-0851）
電話03-3267-6821（代）／振替00120-9-60072
落丁、乱丁はお取り替えいたします。

ISBN978-4-262-12930-3

0802012